생명을 먹어요

INOCHII WO ITADAKU by Michiko Uchida, Kazumi Moroe, Goshi Sato

Copyright © 2009 by Michiko Uchida, Kazumi Moroe, Goshi Sato
All rights reserved.
Originally published in Japan by The Nishinippon Shimbun Co., Ltd
Korean translation rights arranged with The Nishinippon Shimbun Co., Ltd
through WAVE AGENCY
Korean translation rights © 2022 Manmanbooks Publishing Co.

이 책의 한국어판 저작권은 웨이브에이전시를 통해 저자와의 독점 계약으로 만만한책방에 있습니다.
저작권법에 의해 한국 내에서 보호를 받는 저작물이므로 무단전재와 무단복제를 금합니다.

생명을 먹어요

초판 1쇄 발행 2022년 5월 5일 | 초판 4쇄 발행 2025년 2월 25일
글 우치다 미치코 | 그림 모로에 가즈미 | 감수 사토 고시 | 옮김 김숙
책임편집 전소현 | 편집 김연희 | 디자인 하늘·민
펴낸이 전소현 | 펴낸곳 만만한책방 | 출판등록 2015년 1월 8일 제 2015-000008호
주소 서울 마포구 토정로 222 한국출판콘텐츠센터 305호 | 전화 070-5035-1137 | 팩스 0505-300-1137
전자우편 manmanbooks@hanmail.net | 인스타그램 instagram.com/manmani0401

ISBN 979-11-89499-34-1 73830

이 책 내용의 전부 또는 일부를 이용하려면 반드시 저작권자와 만만한책방의 서면 동의를 받아야 합니다.
잘못된 책은 바꾸어 드립니다. 책값은 뒤표지에 있습니다.

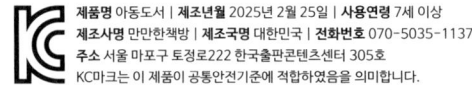

생명을  먹어요

우치다 미치코 글 · 모로에 가즈미 그림 · 사토 고시 감수 · 김숙 옮김

만만한책방

사카모토 씨는 도축장에서 일하고 있습니다.
그곳에서 소를 잡아 고기로 만드는 일을 합니다.
사카모토 씨는 오래전부터 이 일이 싫었습니다.

소를 잡는 사람이 없으면
아무도 소고기를 먹을 수 없습니다.
그래서 중요한 일이라는 건 알고 있습니다.

하지만 죽기 전의 소와 눈이 마주칠 때마다
이 일이 싫어졌습니다.
'그만둘 거야. 언젠가는 그만둘 거야.'
사카모토 씨는 이렇게 생각하며 일을 했습니다.

사카모토 씨 아들은 초등학교 3학년입니다.
이름은 시노부입니다.

어느 날, 사카모토 씨는 시노부 학교에서
학부모 참관 수업에 와 달라는 연락을 받았습니다.
지금까지는 시노부 엄마가 갔지만
그날은 일이 생겨 갈 수 없었습니다.
그래서 사카모토 씨가 가기로 했습니다.

참관 수업 날이 되었습니다.
'우리 아들이 발표를 잘할까?'
사카모토 씨는 기대감과 함께
조금은 불안한 마음으로 학교에 들어섰습니다.

참관 수업은 사회 과목의
<여러 가지 직업>에 관한 것이었습니다.

선생님이 아이들 한 명 한 명에게 물었습니다.
"부모님이 하시는 일을 알고 있나요?"
그러고는 이어서 말했습니다.
"어떤 일을 하시는지 발표해 볼까요?"

시노부 차례가 되었습니다.
사카모토 씨는 아들에게 자신의 직업에 대해
이렇다 하게 얘기한 적이 없습니다.
'시노부가 뭐라고 말할까?'
사카모토 씨는 불안한 마음으로 지켜보았습니다.
그때 시노부가 기어들어 가는 목소리로 말했습니다.

"우리 아빠는 정육점에서 일하십니다. 그냥 보통 정육점에서요."

'흠, 그런가······.'
사카모토 씨는 속으로 중얼거렸습니다.

사카모토 씨가 집에서 신문을 읽고 있는데
시노부가 학교에서 돌아왔습니다.

"아빠가 일을 하지 않으면
사람들이 고기를 먹을 수 없는 거지?"

'왜 갑자기 이런 말을 하는 거지?'
사카모토 씨는 이상한 생각이 들었습니다.

시노부가 말했습니다.
"수업을 마치고 집에 오려는데
담임선생님이 날 부르시더니 말씀하셨어."

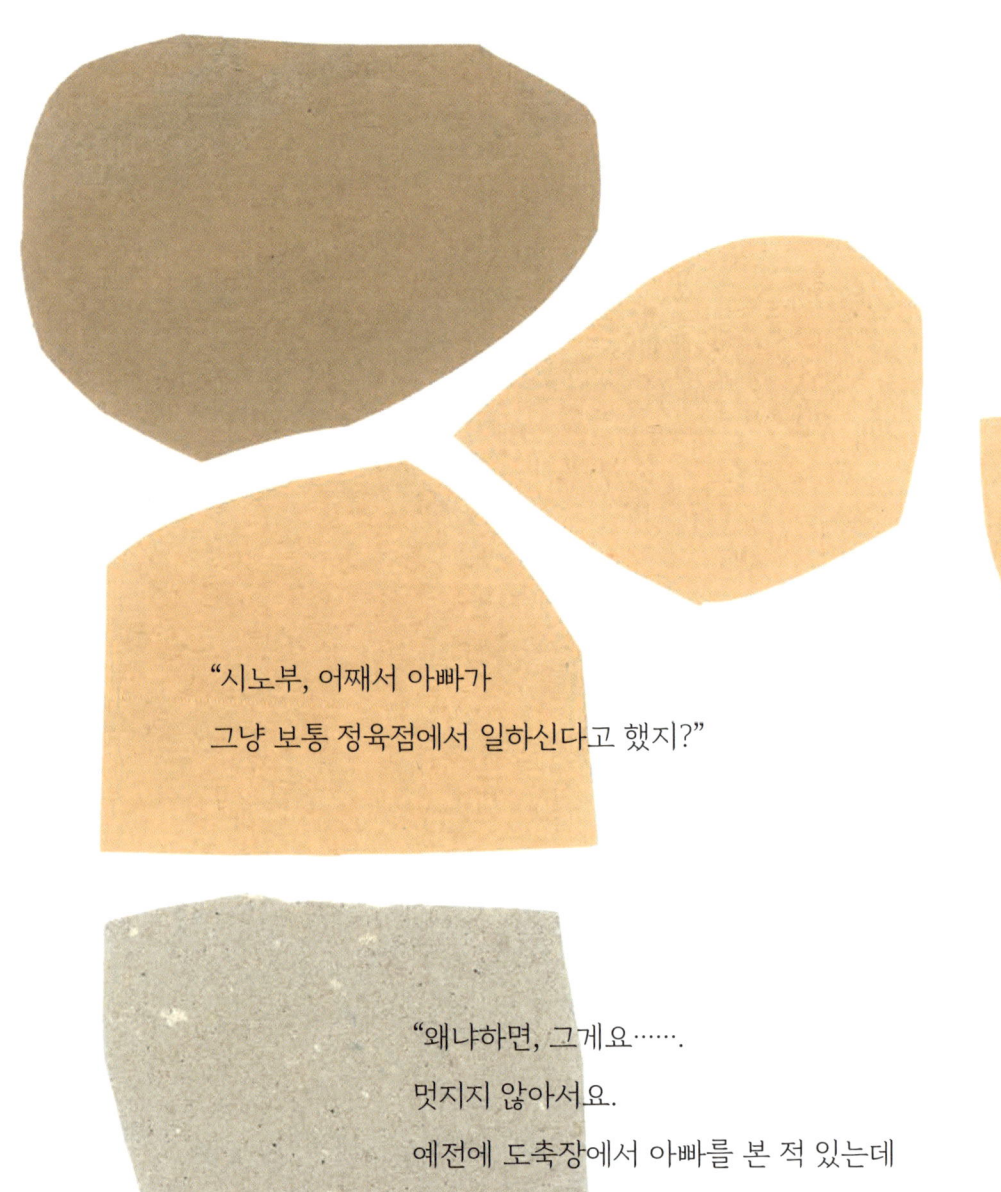

"시노부, 어째서 아빠가
그냥 보통 정육점에서 일하신다고 했지?"

"왜냐하면, 그게요…….
멋지지 않아서요.
예전에 도축장에서 아빠를 본 적 있는데
피가 잔뜩 묻어 있는 모습이 보기 싫었어요."

"시노부, 너희 아빠가 그 일을 하지 않으시면

선생님도, 너도, 교장 선생님도,
회사 사장님도, 친구들도

모두 고기를 먹을 수 없어.

아빠는 대단한 일을 하시는 거야."

시노부는 단숨에 말하고는 아빠를 바라보았습니다.
"아빠가 하는 일이 그렇게 대단한 줄 몰랐어."

그 말을 듣고 사카모토 씨는
조금 더 일을 계속해야겠다고 생각했습니다.

어느 날,
사카모토 씨가 하루 일을 끝내고
사무실에서 쉬고 있는데
소를 실은 트럭 한 대가
도축장으로 들어왔습니다.

'내일 잡을 소가 온 모양이군.'
사카모토 씨는 트럭을 바라보았습니다.
그때 조수석에서 열 살쯤 되는
여자아이가 뛰어내리더니
트럭 짐칸으로 올라갔습니다.

'저런, 위험한데…….'
사카모토 씨는 잠시 지켜보기로 했습니다.

아이는 한참이 지나도 내려오지 않았습니다.
사카모토 씨는 걱정이 되어 트럭으로 다가갔습니다.

여자아이가
소에게 말하는 소리가
나지막이 들려왔습니다.

"미야, 미안해.　　　　정말, 미안해."

"할아버지가 그러는 거야.
미야가 고기가 되지 않으면 우리가 설을 쇨 수 없다고.
미야를 팔지 않으면 우리가 힘들어진다고.
미안해, 미야. 미안해."

아이는 이렇게 얘기하면서
소의 배를 쓰다듬고 또 쓰다듬었습니다.
사카모토 씨는 생각했습니다.
'보지 않았으면 좋았을걸.'

트럭 운전석에서 할아버지 한 분이 내렸습니다.

할아버지는 고개를 숙인 채 사카모토 씨에게 말했습니다.

"이 소는 손녀와 함께 자랐습니다.

그래서 계속 우리 집에 둘 생각이었지요.

하지만 소를 팔지 않으면 이 아이에게

크리스마스 선물도 세뱃돈도 줄 수가 없군요.

내일, 미야를 잘 부탁합니다."

사카모토 씨는 또다시 생각했습니다.
'더는 할 수 없어. 이제 이 일을 그만두자.'
일단 내일은 일을 쉬기로 마음먹었습니다.

집으로 돌아온 사카모토 씨는
시노부에게 오늘 만난 소와 여자아이에 대해 이야기했습니다.
"아빠는 미야를 죽이는 일을 못 하겠구나.
내일은 일을 쉴 생각이다."

"음……."
시노부는 한참 입을 꾹 다물고 있다가
텔레비전으로 눈을 돌렸습니다.

그날 밤, 여느 때와 마찬가지로
사카모토 씨와 시노부는 함께 목욕을 했습니다.
시노부가 등을 밀어 주며 말했습니다.
"아무래도 아빠가 하는 게 낫겠어.
아무한테나 맡기면 미야가 더 괴로울 거야.
아빠가 해 주면 좋겠어."
사카모토 씨는 말없이 듣고 있었지만
그래도 생각이 달라지지는 않았습니다.

아침이 되어 사카모토 씨는
시노부가 학교에 가는 걸 보려고 기다리고 있었습니다.
"학교 다녀오겠습니다."
시노부가 집을 나섰습니다.
그런데 현관문이 다시 열리더니 시노부가 소리쳤습니다.
"아빠, 오늘 꼭 가야 해! 알았지?"

"그래, 알았다."
사카모토 씨는 자신도 모르게 대답하고 말았습니다.
아빠 대답을 듣고 나서야 시노부는
서둘러 학교로 갔습니다.

"아이랑 약속했으니 안 갈 수 없겠군요."
시노부 엄마가 말했습니다.
사카모토 씨는 어쩔 수 없이 집을 나섰습니다.

회사에 도착한 사카모토 씨는
마음이 무거워 견딜 수 없었습니다.
그날은 보통 때보다 조금 일찍 도착했기 때문에
슬며시 미야를 보러 갔습니다.
외양간에 들어서자 미야는
다른 소들처럼 뿔을 아래로 내리고는
사카모토 씨를 들이받을 듯 위협했습니다.

사카모토 씨는 잠시 머뭇거리다가
살며시 손을 내밀었습니다.
처음엔 여전히 들이받을 기세였지만
조금 지나자 미야는
사카모토 씨 손에 코를 대고
킁킁 냄새를 맡았습니다.

"미야, 미안하다.
네가 고기가 되지 않으면 모두가 곤란해진대.
미안해, 미야."
사카모토 씨가 나직이 말했습니다.
그제야 미야는 천천히 사카모토 씨에게 목을 비볐습니다.

사카모토 씨는 여자아이가 그랬던 것처럼
배를 쓰다듬어 주며 귀에 대고 말했습니다.
"가만히 있어야 해.
네가 움직이면 급소를 빗나가게 돼.
그러면 훨씬 괴로울 거야.
가만히 있어야 해. 가만히 있어 줘, 응?"

소를 잡아야 할 시간이 되었습니다.
"가만히 있어야 해. 알았지? 가만히 있어야 해."
사카모토 씨가 다시 한 번 말했습니다.

미야는 조금도 움직이지 않았습니다.
그때, 미야의 커다란 눈에서
눈물이 투둑, 떨어져 내렸습니다.
사카모토 씨는 소가 우는 것을 처음 보았습니다.

사카모토 씨가 총같이 생긴 도구를 머리에 갖다 댔습니다.
미야는 무너지듯 바닥에 쓰러져 꼼짝도 하지 않았습니다.
보통은 소가 낌새를 채고 머리를 흔들기 때문에
급소를 빗나가곤 합니다.
그러면 쓰러진 뒤에도 미친 듯 몸부림을 칩니다.

다음 날, 할아버지가 도축장에 들렀습니다.
"고맙습니다, 사카모토 씨.
어제 그 고기를 조금 가지고 가서
식구들과 함께 먹었습니다."

"손녀는 울면서 먹지 않으려고 했지만
'미야 덕분에 우리가 살아갈 수 있게 되었어.
자, 어서 먹으렴.
미야에게 고맙다고 하고 먹자꾸나.

우리가 먹지 않으면 죽은 미야에게 미안하잖아.
같이 먹자, 응?' 하고 말해 주었습니다."

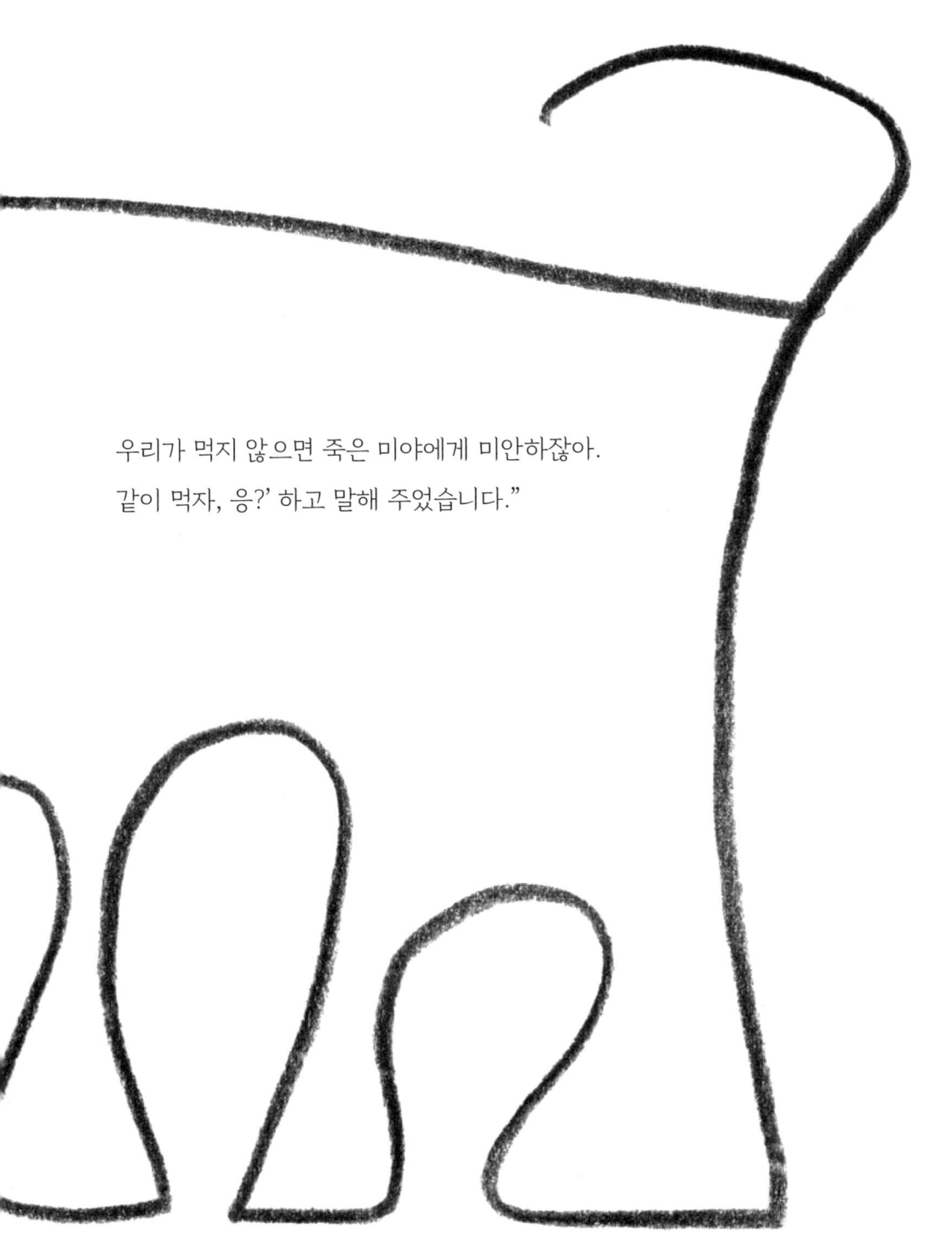

"손녀는 울면서
'미야, 고마워. 잘 먹을게.
맛있다, 참 맛있다.'
하면서 먹었습니다.
정말 고맙습니다, 사카모토 씨."

사카모토 씨는

조금 더 이 일을 하기로 했습니다.

작가의 말

나는 조산사로 일하고 있습니다. 지금까지 2,500명이 넘는 아이를 받았습니다. 반짝반짝 빛나는 탄생의 순간을 줄곧 봐 왔습니다. 태어난다는 것의 숭고함, 생명이라는 기적. 나는 이 감동을 전하기 위해 많은 학교를 돌며 강연 활동을 하고 있습니다.

이것은 삶에 대한 교육입니다.

고민하고 방황하며 자신을 부정하고 싶어 하는 사춘기 아이들이 '내가 바로 여기 있다는 것, 내가 존재하는 것 자체가 대단한 것'이라고 생각해 주었으면 좋겠습니다. 또 '모든 사람은 여기 있다는 것만으로 충분히 가치가 있다.'는 걸 알았으면 좋겠습니다. 모두의 소중한 가치를 알리기 위해 나는 온 마음을 담아 20년 넘게 삶에 대한 교육을 실천하고 있습니다.

2007년 가을, 구마모토의 어느 초등학교에서 강연을 하던 날이었습니다. 나와 다른 입장에서 〈생명〉에 대한 이야기를 들려주고 있는 사람을 만났습니다. 내 강연 전의 다른 참관 수업이었습니다.

1, 2학년 학생들이 학부모와 함께 체육관에 모여 이야기를 듣고 있었습니다. 이야기를 하고 있는 사람이 바로 이 책의 주인공 사카모토 씨였습니다.

나는 체육관 한쪽에서 강연 준비를 하며 무심결에 사카모토 씨 이야기를 듣게 되었습니다. 그리고 나도 모르게 점점 이야기 속으로 빨려 들어갔습니다.

결국 나는 강연을 준비하던 손을 놓고 손수건을 꺼내 들어야 했습니다. 참을 수 없이 눈물이 흘렀습니다.

그날 밤, 나는 사카모토 씨가 들려준 이야기를 잊을 수 없었습니다. 더 많은 사람에게 이 이야기를 들려주고 싶어 글을 쓰기 시작했습니다. 그리고 바로 이 책이 완성되었습니다.

나는 태어나 지금 여기에 살아 있습니다. 그 자체가 대단한 일입니다. 그러나 살아 있다는 것은 많은 생명을 먹고 있다는 것이기도 합니다.

우리는 우리가 빼앗는 생명의 의미도 생각하지 않고, 날마다 고기를 먹고 있습니다. 사카모토 씨처럼 직접 생명을 죽여야 하는 사람들의 슬픔과 괴로움도 모른 채 고기를 먹고 있습니다.

"잘 먹겠습니다.", "잘 먹었습니다."라는 인사는 우리가 먹는 생명에 대한 고마움의 표현입니다. 감사하는 마음 없이 먹는 것은 용서받을 수 없습니다. 음식을 남긴다는 건 말도 안 되는 일입니다.

사카모토 씨는 이야기 도중 딸과 있었던 일화를 소개해 주었습니다. 사카모토 씨 딸은 요양보호사로 일하고 있습니다.

어느 날 식당에서 함께 식사를 하고 있는데, 딸이 "아버지 일과 제가 하는 일은 닮았어요." 하더랍니다. 사카모토 씨는 "뭐가 닮았다는 거냐. 내 일은 소나 돼지의 생명을 빼앗는 일인걸. 네가 하는 일은 노인들을 보살피는 중요한 일이잖니. 넌 노인들을 기쁘게 해 주는 일을 하고 있지만, 내가 하는 일은 누굴 기쁘게 해 주는 일이 아니지."

그러자 딸은 사카모토 씨를 똑바로 바라보며 말했습니다.
"있잖아요, 아버지. 저는 그분들이 생의 마지막에 저를 만난 것이 참 좋았다, 이렇게 생각하실 수 있도록 날마다 열심히 돌보고 있어요. 아버지도 소나 돼지가 마지막까지 기분 좋게 살아 있을 수 있었으면 좋겠다고 생각하니까, 배를 문질러 주거나 이야기를 걸어 주거나 하는 거잖아요. 그러니까 마찬가지예요."

사카모토 씨와 만날 수 있었던 것을 기쁘게 생각합니다. 이야기 내용을 책으로 만드는 일에 흔쾌히 허락해 주셔서 감사합니다. 정말 고맙습니다.

우치다 미치코

옮기고 나서

오래전, 한 통의 전화를 받았습니다. 도서연구회에서 어린이 책을 함께 읽는다고 자신을 소개한 이분은 잘 번역된 〈생명을 먹어요〉를 읽게 되어 너무 감사하다며, 꼭 이 말을 전하고 싶어 어렵사리 전화번호를 알아냈노라 했습니다. 처음 이 책을 접했던 그날처럼 가슴이 저릿했습니다.
그런데 그 후 안타깝게도 이 책은 절판되어 책방에서 사라졌고, 시간이 흘렀습니다. 그동안 몇몇 출판사에 재출간을 권해 보았지만 선뜻 그러마 하는 대답을 들을 수 없었습니다.
그렇게 시간이 또 흘렀습니다.

2022년 2월 어느 날, 한 통의 전화를 받았습니다. 만만한책방 출판사를 하고 있다고 자신을 소개한 이분은, 이 책을 재출간하고 싶어 이미 판권 계약을 마쳤다고 했습니다. 이왕이면 같은 번역자가 번역해 주면 좋겠다 싶어 연락을 했다고요. 또 한 번 가슴이 저릿했습니다.

12년 전이 생각났습니다. 이 책 번역을 부탁받고 내용을 훑어보려고 전철 안에서 읽기 시작했던 그때가. 읽다가 도중에 책을 덮고, 훅 터져 나오려는 눈물을 참기 위해 잠시 차창을 바라보았습니다. 1호선 전철은 그때 한강 다리를 지나고 있었습니다. 해 질 녘 아름다운 노을이 눈에 닿는 순간, 그만 투둑 눈물이 떨어져 내리고 말았습니다. 생명이 지는 것과 해가 지는 것, 두 가지 '스러짐'이 절묘하게 오버랩된 순간이어서 그랬나 봅니다.

이 그림책과 나는 그렇게 만났습니다. 생명을 유지하기 위해 인간은 다른 생명을 먹고 살아간다는 사실에 늘 감사한 마음과 미안한 마음을 갖고는 있었지만, 이 책은 그 마음을 몇 배 더 강하게 느끼도록 해 주었습니다.
더불어 어릴 적 기억 하나가 또렷이 되살아났습니다. 초등학교 5학년 때 도축장 옆을 지나다 공교롭게도 돼지 도축 장면을 목격하게 되었습니다. 아주 오래전이라 그때는 이 책에 나오는 도구를 쓰지 않았습니다. 원시적인 방법이라 세세한 장면 묘사는 하고 싶지 않지만, 평생 잊히지 않을 만큼 커다란 충격이었지요. 그 장면은 내가 성인이 되고도 한참 동안 고기를 먹을 수 없게 했습니다. 지인 한 분은 어릴 때 애지중지 기르던 닭을 어른이 목을 비틀어 죽이는 장면을 본 이후 단 한 번도 닭고기를 먹지 않았다고 합니다. 그만큼 어린아이에게 도살 장면을 날것 그대로 보여 주는 일은 깊은 상처로 각인되는 게 아닐까 싶습니다. 그 아픈 기억이 되살아나 처음엔 이 책을 번역하겠다고 대답하기가 쉽지 않았습니다. 그러나 다시 한 번 읽으며 마음을 고쳐먹었습니다.

〈생명을 먹어요〉를 읽으며 어른과 아이가 함께 생명과 먹을거리에 대해 진지하게 생각해 보고, 그들에 대한 감사한 마음, 미안한 마음을 잊지 않는 것은 그들도 우리와 똑같이 소중한 생명이란 사실을 자각하는 일이 아니겠는지요. 작으나마 그러한 자각이 우리 가슴속 '사랑'의 씨앗을 자라게 하는 토양이 되지 않겠는지요.

아이들에게 이런 토양을 만들어 주는 일은 우리 어른의 몫이지요. 아무리 작고 보잘것없어 보이는 것이라도 생명은 소중한데, 하물며 우리가 살아가기 위해 먹는 생명에 대해서랴.

오래 사이를 두고 같은 책을 다시 번역하자니 매우 새롭습니다. 그러나 처음 그때처럼 여전히 가슴이 저릿합니다.
미야에게, 다른 소들에게 그리고 모든 생명에게 아주 조금이나마 우리의 미안함과 고마움이 전해질 수 있기를 바라며, 이 책의 재출간을 결심한 만만한 책방 대표께 감사를 전합니다.

김숙

생명을 먹는다는 것

글 | 사토 고시

야히로 유키타카 _ 농부
"살아 있는 동안만큼은 닭답게 살 수 있도록……."

무라마츠 카즈야 _ 어부
"아기를 키우는 마음으로 물고기를 기르고 있습니다."

니시 후쿠에 _ 어린이집 원장
"먹을거리 교육으로 풍부한 감성을 키웁니다."

요즘 아이들에게 먹을거리의 고마움을 가르치는 것은 참 어렵습니다. 먹을거리가 넘쳐나는 시대에 살다 보니, 먹을거리를 고맙게 여기기는커녕 대수롭지 않게 생각하는 사람들이 대부분이지요. 이런 시대에 사는 아이들에게 어떻게 먹을거리의 고마움을 알려 줄 수 있을까요?

해답은 '생명'입니다.

우리들은 음식물을 먹고 살아갑니다. 산다는 것은 곧 먹는 것이지요. 모든 먹을거리는 생명을 가지고 있습니다. 고기도 물고기도 채소도 쌀도 모두가 새로운 씨앗을 만드는 살아 있는 생명체입니다. 사람이 살아가는 일은 생명을 먹는 일입니다. 그리고 동시에 죽이는 일이지요.

우리는 많은 생명들에 기대어 살아가고 있습니다. 그것을 실감할 때 비로소 먹을거리의 고마움을 알게 됩니다. 그 소중한 먹을거리를 더 이상 대수롭지 않게 여겨서는 안 된다는 것을 깨닫습니다.

살아 있는 동안만큼은
닭답게 살 수 있도록……

"구구구구구." 야히로 씨가 닭을 부릅니다. 아저씨의 목소리를 들은 닭들은 "꼬꼬 꼬꼬!" 하며 곧바로 반응합니다. 아저씨가 알을 낳으려는 닭에게 살며시 손을 내밀면 닭은 알을 받기 쉽도록 꽁지를 쳐듭니다.

"다른 사람이 알을 받으려고 하면 닭들은 날카롭게 쪼아 대지요. 그런 걸 보면 확실히 나를 알아보고 있어요. 나는 늘 이렇게 닭들과 소통을 해요. 그러다 보면 대화도 가능하지요."

야히로 씨는 언제나 상냥하게 닭을 대합니다.

야히로 씨는 닭이 자유롭게 돌아다닐 수 있도록 넓은 축사 안에 약간 적은 듯이 풀어 놓고 기릅니다.

"닭도 인간도 스트레스를 받아서는 안 되지요."

닭은 스트레스를 받으면 약한 닭의 엉덩이를 쪼기 시작합니다. 내장이 밖으로 나올 정도로 계속 쪼아 댑니다. 다른 농가에서는 그 대책으로 닭의 부리를 잘라 버리기도 하지만, 야히로 씨의 닭장에서는 있을 수 없는 일입니다.

"닭도 언젠가는 죽겠지요. 하지만 살아 있는 동안만큼은 닭다운 삶의 방식으로 살아가게 하고 싶습니다."

야히로 씨는 이렇게 애정을 가지고 정성스레 기른 닭을 마지막에는 고기로 내어 놓습니다.

"가엾고말고요. 하지만 제가 할 수 없다고 다른 사람에게 맡기고 싶진 않습니다. 끝까지 닭에게 최선을 다하고 싶습니다."

야히로 씨가 유기농법으로 수확한 쌀, 콩 등 연간 60종이 넘는 곡식과 채소는 그 하나하나가 빛나는 생명입니다.

"채소는 그냥 기르는 것이라고 생각한 적도 있습니다. 하지만 지금은 채소도 능동적인 생명체라고 생각합니다. 저는 채소가 가진 힘을 끄집어 내는 일을 하고 있습니다. 그러면 채소들도 기뻐한답니다."

채소를 먹으면서 밭에 있을 때의 모양을 떠올릴 때가 있습니다. 닭고기를 먹으면서 축사 안에 있는 닭의 모습을 떠올릴 때가 있습니다.

'채소는 채소답게, 닭은 닭답게.'

야히로 씨는 한순간 한순간 생명을 소중하게 다루는 것에 마음을 쏟고 있습니다.

"인간답게 살고 싶다."

야히로 씨는 이렇게 생각하며 일하고 있습니다.

야히로 유키타카
1952년 후쿠오카에서 태어나 1973년에 귀농한 뒤 후쿠오카 치쿠시노 시에서 유기농업을 실천해 오고 있다. 후쿠오카 유기농업연구회 이사로 활동했으며, 농부·농업체교류시설인 '무스비이오리'를 설립해 농부와 소비자가 하나가 되어 농업·먹을거리를 함께 고민하는 모임인 〈농사와 제철을 이야기하는 모임〉을 하고 있다.

아기를 키우는 마음으로
물고기를 기르고 있습니다

먹을거리 교육의 하나로 어느 초등학교에서 열린 〈어부 체험 강좌〉에 강사로 초청된 무라마츠 씨는 아이들에게 질문을 받았습니다.
"소중하게 기른 물고기를 죽여서 먹는 게 가엾다고 생각하지 않으세요?"
무라마츠 씨는 이렇게 대답했습니다.
"어린 방어를 잡은 시점부터 그 물고기는 우리에게 길러지도록 운명이 달라져 버렸습니다. 그러니까 소중하게 길러야지요. 새끼 때부터 좋은 먹이를 먹이고, 날마다 조심스럽게 보살핍니다. 그리고 우리가 먹는 것으로 그 운명을 다하는 것입니다. 가장 가엾은 건 다 먹지 않고 남기는 것이지요."

무라마츠 씨는 4월쯤 오이타 근해에서 어린 방어를 잡아 출하할 수 있는 크기가 될 때까지 소중하게 기릅니다. 먹이는 아와지시마의 신선한 까나리에 붉은 젓새우를 섞은 것으로, 비싸지만 국산을 고집합니다. 그리고 어린 방어가 20g에서 50g 가량 자랐을 때쯤, 한 마리 한 마리 예방 접종을 합니다. 예방 접종 덕분에 지금까지 골칫거리였던 물고기 특유의 병도 생기지 않아 항생 물질 투여량도 크게 줄일 수 있었습니다. 그렇긴 해도 5만 마리를 예방 접종하는 것은 대단히 번거로운 일입니다.
"사람도 아기들에게는 꼭 예방 접종을 맞히지요? 병에 걸리지 않고 건강하게 자라주길 바라는 마음에서입니다. 어느 부모나 다 똑같은 마음이지 않겠습니까?"

무라마츠 씨는 물고기를 기르는 것과 아이를 키우는 것 모두 같은 마음이라고 말합니다. 하지만 사람과는 대화를 나눌 수 있지만 물고기와는 그러지 못할 텐데, 어떻게 물고기의 생각을 알 수 있을까요?

"세심하게 관찰하지 않으면 안 됩니다. 어떻게 헤엄치는지, 어떻게 먹는지 늘 물고기 상태를 사람이 파악해 줘야 병이 생기지 않지요. 그래야 살릴 수 있어요. 물고기도 생명을 이어가기 위해 필사적으로 먹이를 찾아 헤엄칩니다. 우리가 필사적으로 보살피지 않으면 그런 것들이 보일 리가 없지요."

〈어부 체험 강좌〉가 끝날 때쯤이면 무라마츠 씨는 아이들에게 생선회를 떠 줍니다. 그리고 손으로 먹게 합니다. 아이들은 너도나도 큰 것부터 집어먹습니다. 더 먹는 아이들도 많지요. 선생님들은 1학년 여자아이 두 명이 회를 남기지 않고 다 먹는 모습을 보고 깜짝 놀랐다고 합니다. 생선을 싫어해서 언제나 급식으로 나온 반찬을 남겼던 아이들이었기 때문입니다.

"아이들이 맛있게 먹도록 하려면 어떤 마음으로 물고기를 기르고 있는지, 어떤 환경에서 물고기들이 자라고 있는지 알게 해 주어야 합니다."

무라마츠 씨는 아이들의 웃는 모습을 보는 것이 즐거워 물고기를 기르고 있습니다.

무라마츠 카즈야

1959년 오이타에서 태어나 고등학교를 졸업한 뒤 '평생을 평범한 어부로 산다'는 말을 좌우명으로 삼아 가업인 수산업에 종사하고 있다. 무라마츠 수산 대표로, 방어·잿방어·전갱이 등의 양식업을 하며 남들보다 한 발 앞서 물고기에게 예방 접종을 실시해 항생 물질 투여량을 줄이는 데 성공했다. 어업·양식업과 물고기 다루는 법 등에 대한 재미있고 알기 쉬운 강연 활동을 벌이고 있다.

먹을거리 교육으로
풍부한 감성을 키웁니다

"아이들은 가게 진열대에 놓여 있는 고기를 보고 '맛있는 고기가 있구나.' 정도로만 생각합니다. 이 소가 얼마나 애지중지 길러졌는지, 얼마나 슬픈 눈을 하고 죽어 갔는지 떠올리는 아이는 많지 않습니다. 거기까지 깊게 생각하는 것이 바로 감성입니다."

다카도리 어린이집의 먹을거리 교육은 유명합니다. 현미와 무농약·저농약 채소를 중심으로 급식을 준비하고 볶은 현미와 검은콩, 다시마와 멸치 등이 간식으로 나오기도 합니다. 두 살쯤 된 아이가 "맛있쪄." 하면서 빠삭빠삭 소리를 내며 씹어 먹습니다. 겨울바람이 불기 시작하면 아이들이 무를 말려 절임 반찬을 만듭니다. 아이들은 무의 모양이 달라지는 것을 날마다 지켜봅니다. 된장이나 곶감도 만듭니다. 된장이 발효되어 가는 모양도 주의 깊게 지켜보고, "맛있게 되어라."고 기도하며 베란다에 걸린 곶감을 살살 문지르기도 합니다. 이렇게 만들어진 절임 반찬, 된장, 곶감이 날마다 자신들의 식탁에 올라옵니다.

"이렇게 해서 아이들은 스스로 먹을거리를 지키고, 그 생명을 마음으로 느끼는 것입니다."

다카도리 어린이집에서 정성을 쏟는 일은 먹을거리뿐만이 아닙니다. 여기에 있는 장난감은 전부 손으로 만든 것입니다. 모두 선생님들이 한 땀 한 땀 정성을 쏟아 만든, 세계에서 하나뿐인 특별한 장난감이지요. 장난감 안에는 선생님들의 마음이

듬뿍 담겨 있습니다.

"아이들이 생명의 소중함을 피부로 느끼며 자라는 것은 매우 중요합니다. 이런 환경에서 자란 아이들은 '모든 생명은 서로가 서로를 받쳐 주며 살고 있다.'는 상호 관계를 이해하며 성장하게 됩니다."

그리고 무엇보다 중요한 것이 부모님의 사랑입니다. 엄마가 '네가 태어난 게 얼마나 기쁜지 몰라.'라고 말하며 사랑스러운 눈길로 바라본다면, 아이들의 감성은 더욱 풍부해질 것입니다. 부모님의 사랑을 느끼는 것. '엄마가 좋아하겠지?', '아빠를 슬프게 하고 싶지 않아.' 하고 생각하는 것, 그것이 바로 감성입니다.

"아이들은 한순간 한순간 자신의 인생을 만들어 갑니다. 좋은 사람이 되려면 어떻게 성장해야 할까요? 1분 1초, 끊임없이 사랑을 베푸는 환경 속에서 자란 아이들은 좋은 사람이 되는 밑거름인 감성을 저절로 키울 수 있습니다."

눈에 보이는 것만 보며 자라는 게 좋을까요? 아니면 며칠 전까지 살아 있던 소의 생명까지도 두루 생각해 볼 수 있는 사람으로 성장하는 것이 좋을까요?

일상 속에서 자연스럽게 키워진 감성은 먹을거리가 얼마나 소중한 것인지를 실감하게 합니다. 그리고 아이들을 풍부한 인생으로 이끌어 줄 것입니다.

니시 후쿠에
1929년 후쿠오카에서 태어나 후쿠오카의 다카도리 어린이집을 운영하고 있다. '지(知)·덕(德)·체(體)의 근원에 먹을거리 교육이 있다'는 신념 아래 현미, 제철 무농약 채소, 무첨가·자연 양조 조미료를 중심으로 한 보육을 실천하고 있다. 규슈 각지에서 '먹을거리는 생명이다'를 주제로 강연을 하고 있으며, 지역 주민을 대상으로 장수 요리 강좌나 된장 만들기 교실도 열고 있다.

글 우치다 미치코

1957년 오이타 현 다케다에서 태어났다. 국립고쿠라병원부속 간호조산학교 조산사과를 졸업하고 우치다산부인과의원에서 근무하고 있다. 유아 모임 〈유유(U遊)키즈〉를 이끌며 육아를 지원하고, 규슈 사춘기연구회 사무국장이자 후쿠오카 육아상담원, 후쿠오카 사회교육위원으로 사춘기 아이들의 고민 상담과 생(生), 성(性), 생명(生命), 식(食)을 주제로 강연 활동을 펼치고 있다.
저서로는 〈여기-식탁에서 시작하는 생(生)교육〉(공저) 등이 있다.

그림 모로에 가즈미

1974년 사가 현 다쿠에서 태어나 규슈조형전문대학 디자인과에서 그래픽디자인을 공부했다. 사가 현 미츠세마을에서 창작 활동을 시작한 뒤 사가와 후쿠오카를 중심으로 개인전과 그룹전 등에서 작품을 발표하고 있다.

감수 사토 고시

1973년 오이타 현에서 태어나 규슈대학 대학원 박사과정을 수료하고 규슈대학 농학부에서 농업환경경제학을 가르치고 있다. 먹을거리, 농업, 환경에 관한 강연이나 워크숍을 폭넓게 전개하고 있으며, 특정비영리활동법인 환경창조사를 이끌고 있다.
저서로는 〈여기-식탁에서 시작하는 생(生)교육〉(공저) 〈도시락의 날-한창 먹을 나이의 너희들에게〉(공저) 등이 있다.

옮김 김 숙

동국대학교 교육학과를 졸업하고, 1988년부터 1992년까지 일본에 머물렀다. 귀국 후 그림책 전문서점을 열어 〈좋은 그림책 읽기〉 모임을 이끌었고, SBS의 애니메이션 번역 일을 거쳐 번역과 창작을 하고 있다. 〈언제까지나 너를 사랑해〉 〈100층짜리 집〉 시리즈 등 여러 어린이 책을 우리말로 옮겼고, 1999년 《문학동네》 신인상을 받았으며, 소설집 〈그 여자의 가위〉가 있다.
김하루라는 필명으로 그림책 〈학교 처음 가는 날〉 〈똥 통 개똥 밥〉 〈장갑 한 짝〉 〈노도새〉 〈이야기 보따리를 훔친 호랑이〉 〈학교에 간 언니〉 〈아무도 이기지 않는 운동회〉, 동시집 〈종우 화분〉 등을 썼다.